MOTS FLÉCHÉS

A PARTIR DE 7-8 ANS

COMMENT COMPLETER CE LIVRE DE MOTS FLECHES ?

TROUVES LES LETTRES MANQUANTES POUR OBTENIR LE MOT CORRESPONDANT A L'IMAGE

ENSUITE, COMPLETES LA GRILLE

1. SARCOPHAGES
2. S __ __ INX
3. P __ __ __ MI __ __
4. P __ PY __ __ __
5. PH __ __ __ ON
6. N __ __
7. D __ __ ER __

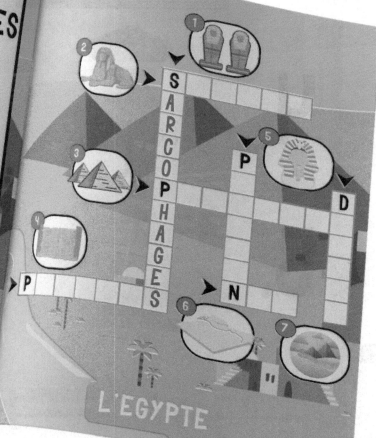

L'EGYPTE

1.  A _ _ _ _ _

2.  B_G_G_

3. 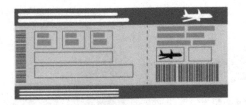 B _ _ _ _ _ T

4.  P _ _ OT_

5.  P _ _ T _

L'AEROPORT

1. N_G____S

2. G____

3. S_____

4. P____

5. S___

6. P_____

7. M__

LA PLAGE

1.  P _ _ _ _ _ _ Y

2. P _ B _ _ C

3. B _ _ _ _ _

4. B _ _

5. C _ _ _ _ _

6. A _ _ _ _ _ _

7. G _ _ _ _ _

LE FOOT

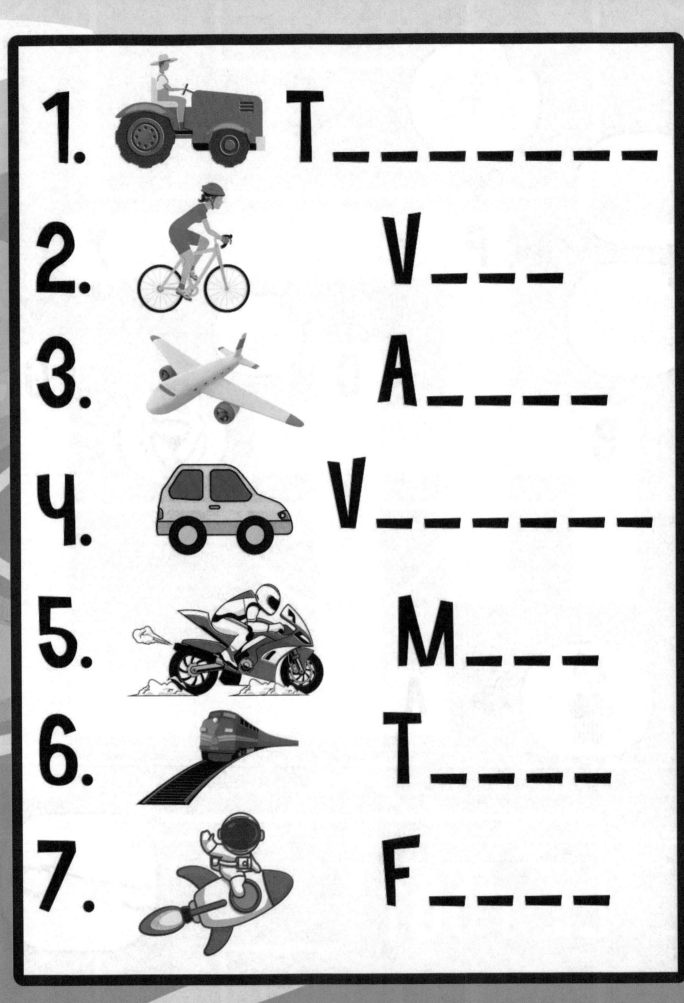

1. T_ _ _ _ _ _ _ _

2. V_ _ _

3. A_ _ _ _

4. V_ _ _ _ _ _

5. M_ _ _

6. T_ _ _ _

7. F_ _ _ _

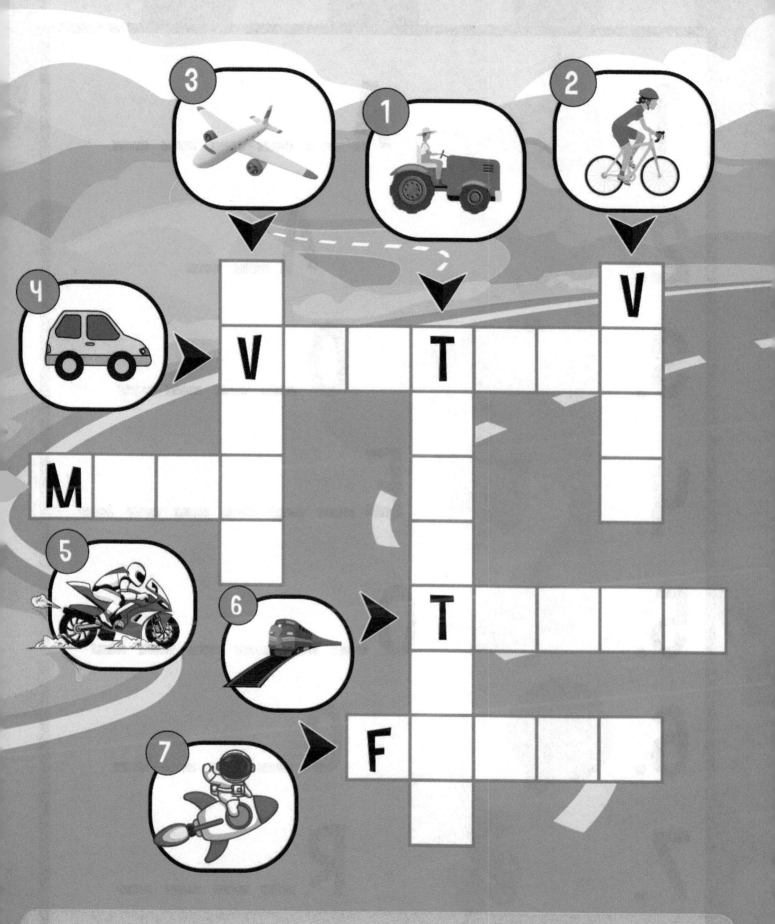

LES MOYENS DE TRANSPORTS

1. A _ _ _ _ _ _

2. A _ _

3. O _ _ _ _

4. E _ _ _ _ _ _ _

5. C _ _ _ _ _ _

6. C _ _ _ _

7. R _ _ _ _

LES LEGUMES

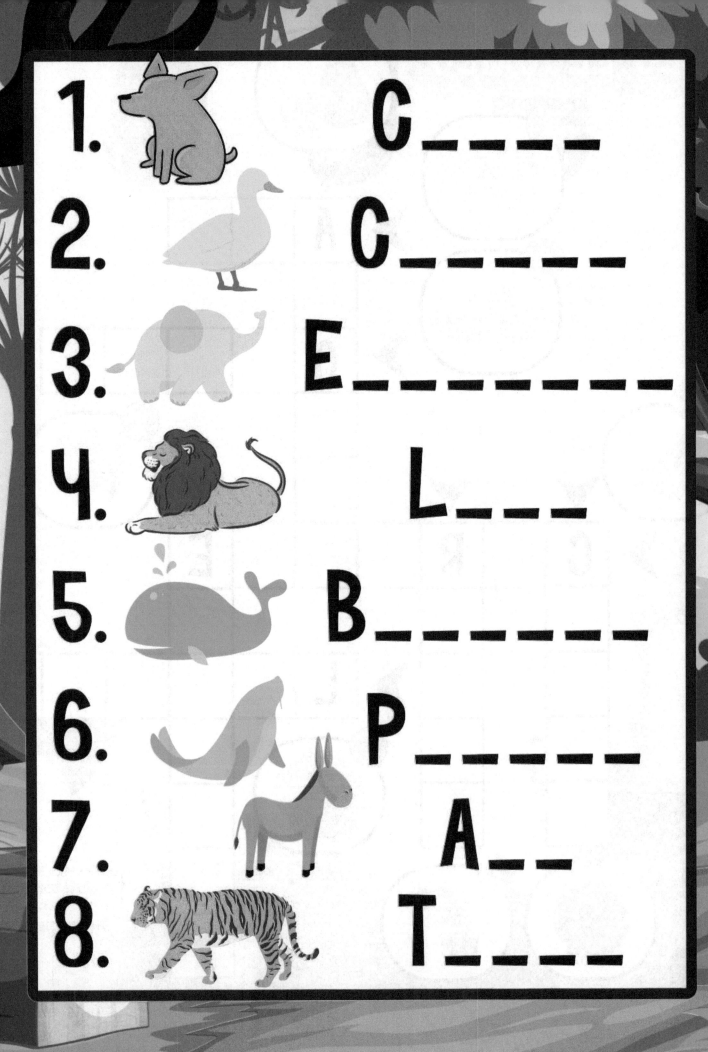

1. C _ _ _ _

2. C _ _ _ _ _

3. E _ _ _ _ _ _ _

4. L _ _ _

5. B _ _ _ _ _ _

6. P _ _ _ _ _

7. A _ _

8. T _ _ _ _

LES ANIMAUX

1. 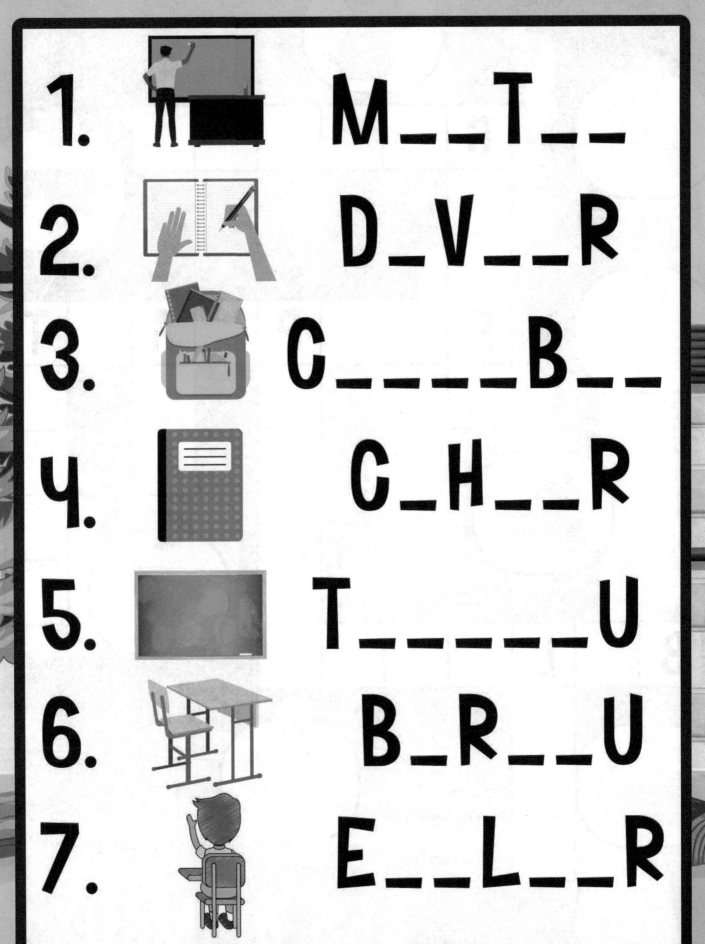 M _ _ T _ _

2. D _ V _ _ R

3. C _ _ _ _ _ B _ _

4. C _ H _ _ R

5. T _ _ _ _ _ _ U

6. B _ R _ _ U

7. E _ _ L _ _ R

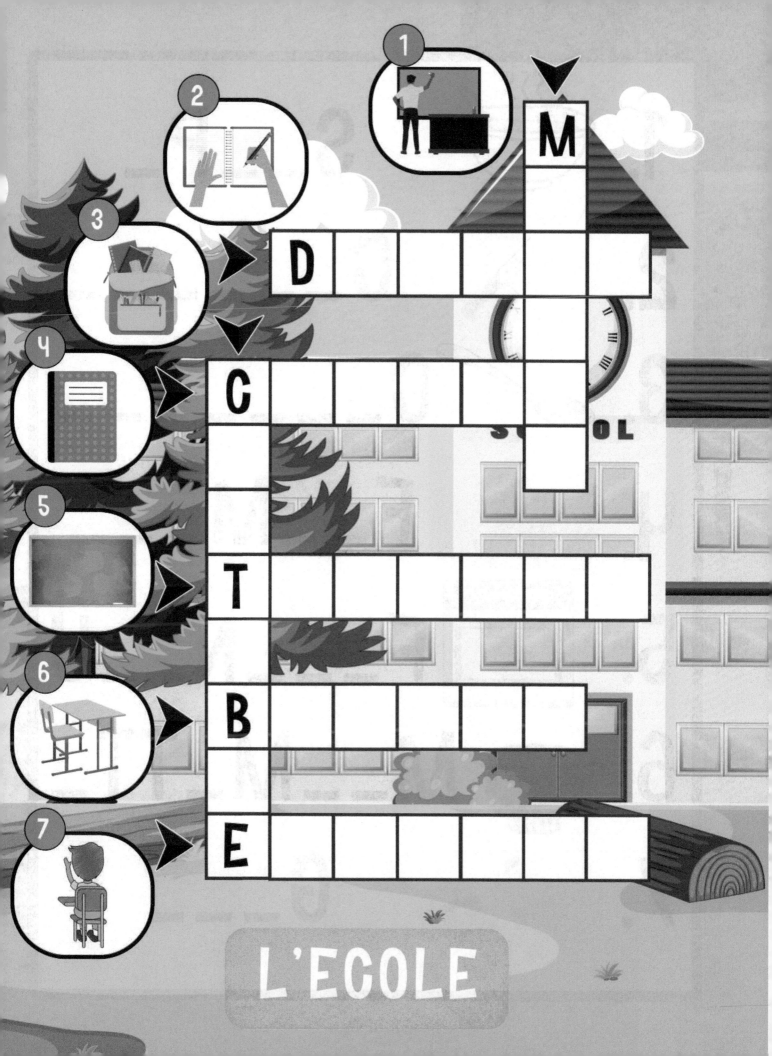

L'ECOLE

1. S__P_

2. C_____

3. C_____

4. F__M____

5. F___N__U

6. M__M_TT_

7. G____

LA CUISINE

1. S
2. C
3. C
4. F
5. F
6. M
7. G

1. K _ _ _

2. B _ _ _ _ _

3. F _ _ _ _ _

4. R _ _ _ _ _

5. P _ _ _ _ _ _

6. M _ _ _ _ _

7. P _ _ _ _

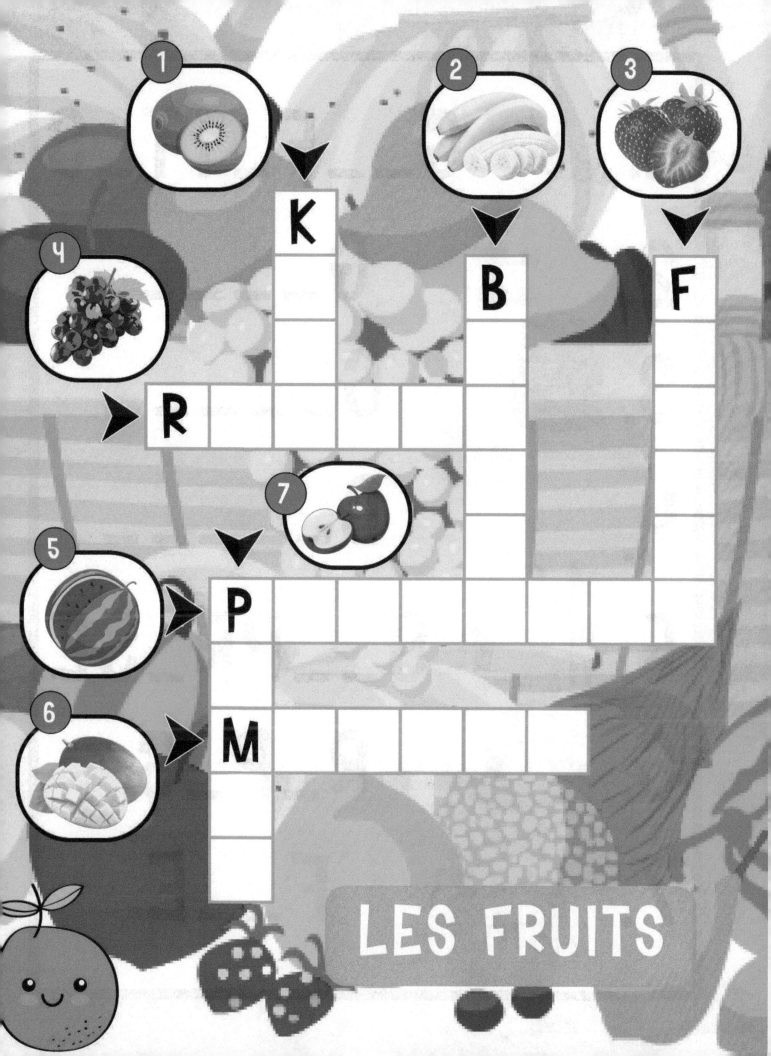

LES FRUITS

1. C _ _ F _ TT _ S

2. G _ _ _ _ _ _

3. C _ _ _ _ _ _

4. B _ _ _ _ _ _

5. S _ _ _ PR _ SE

6. R _ P _ S

7. F _ _ E

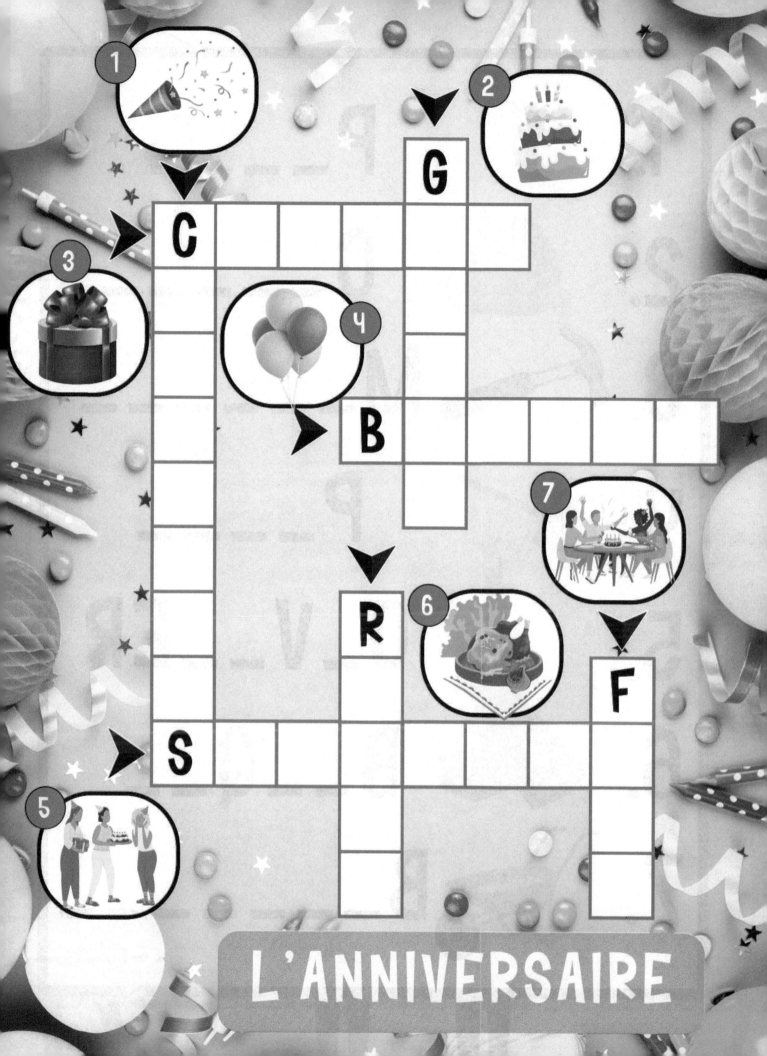

L'ANNIVERSAIRE

1. P _ _ _ _

2. C _ _ _ _ _ _

3. M _ _ _ _ _ _ _

4. P _ _ _ _ _

5. O _ V _ _ _ E R

6. B _ _ Q _ _

7. B _ _ _ _ _ _ _ _ _

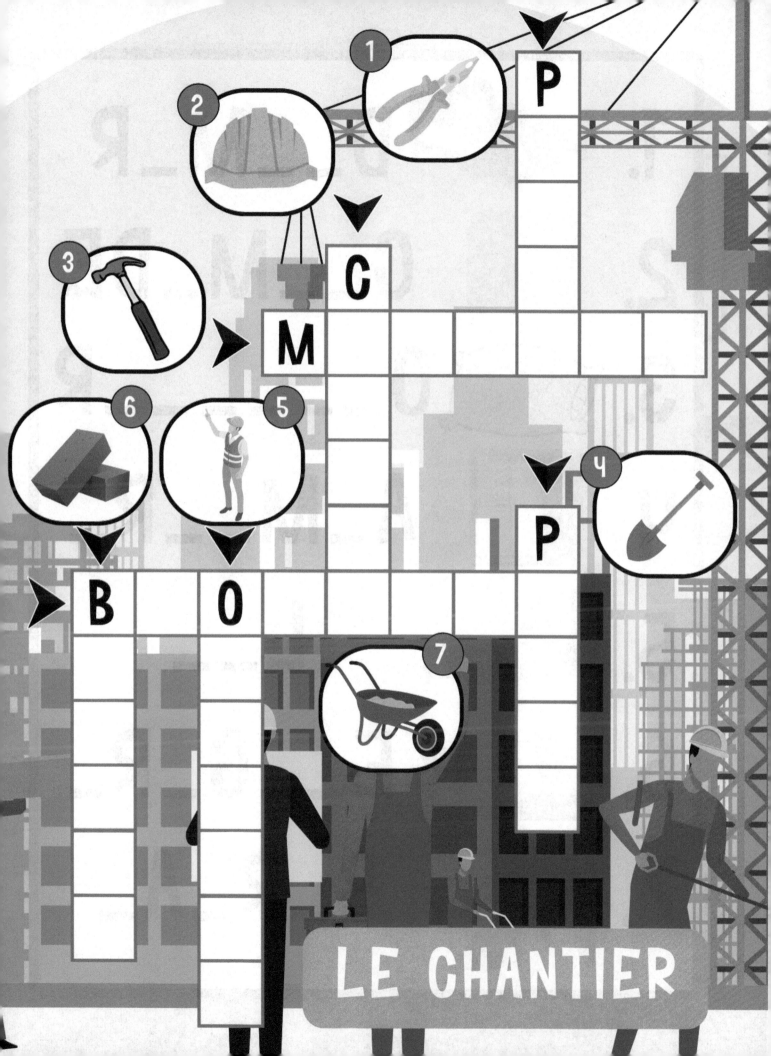

LE CHANTIER

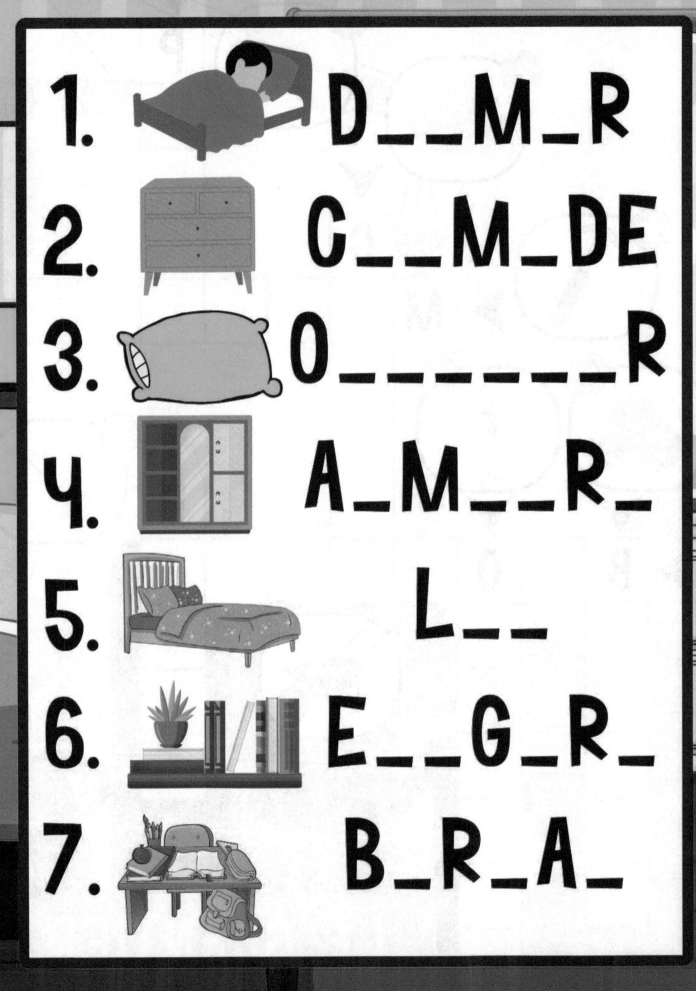

1. D _ _ M _ R

2. C _ _ M _ DE

3. O _ _ _ _ _ _ R

4. A _ M _ _ R _

5. L _ _

6. E _ _ G _ R _

7. B _ R _ A _

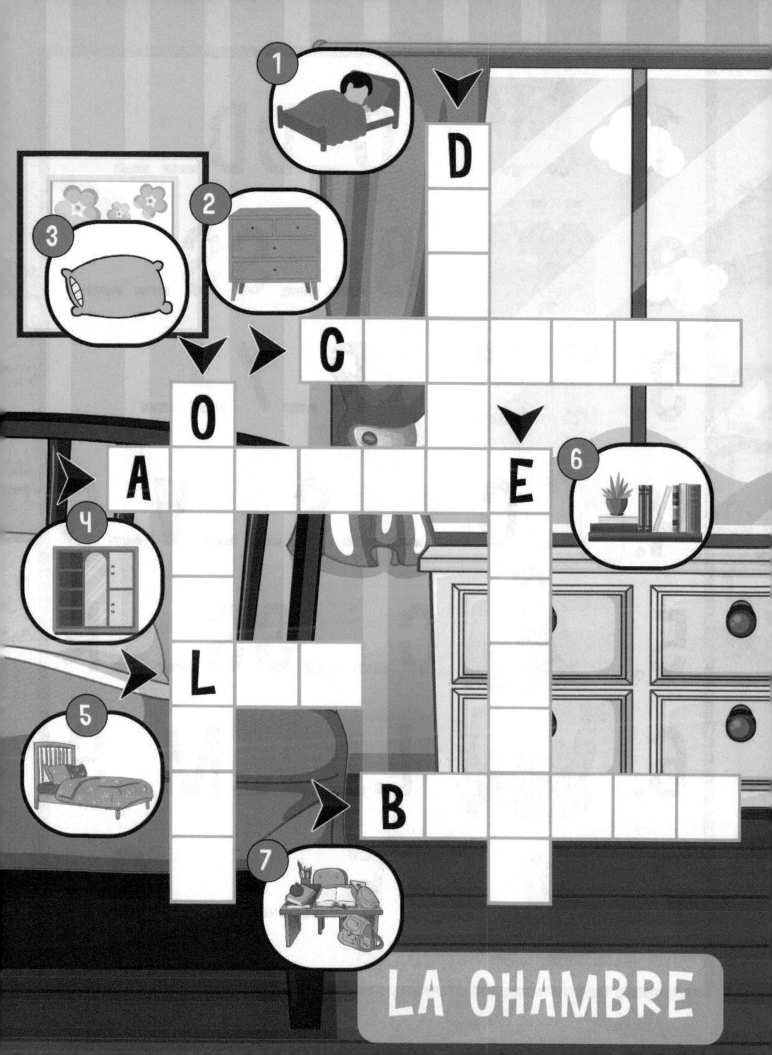

LA CHAMBRE

1. 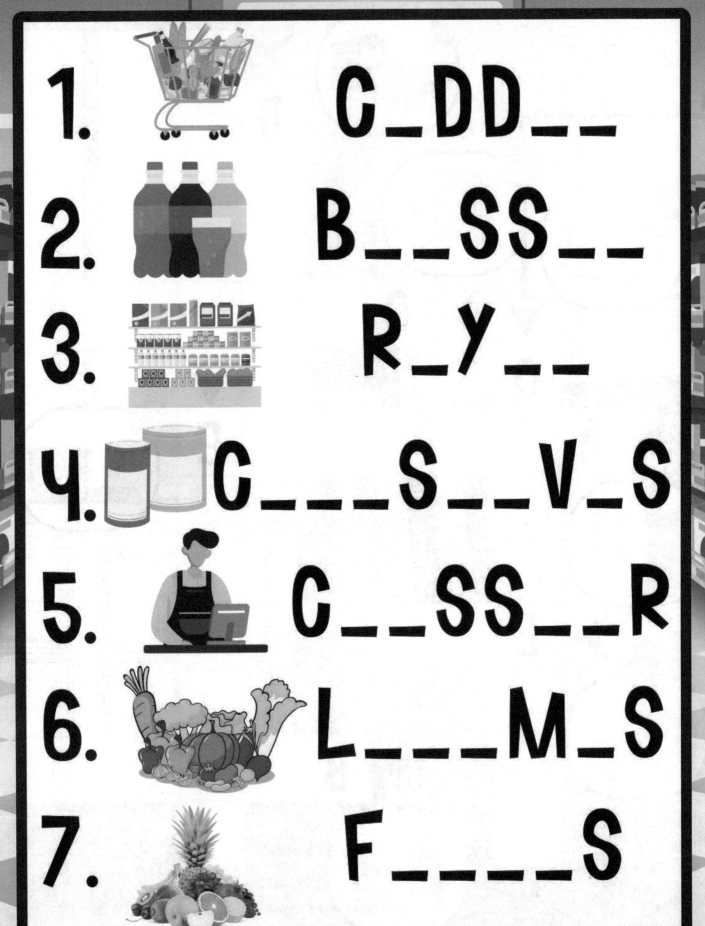 C_DD__

2. B__SS__

3. R_Y__

4. C_____S__V_S

5. C__SS__R

6. L___M_S

7. F_____S

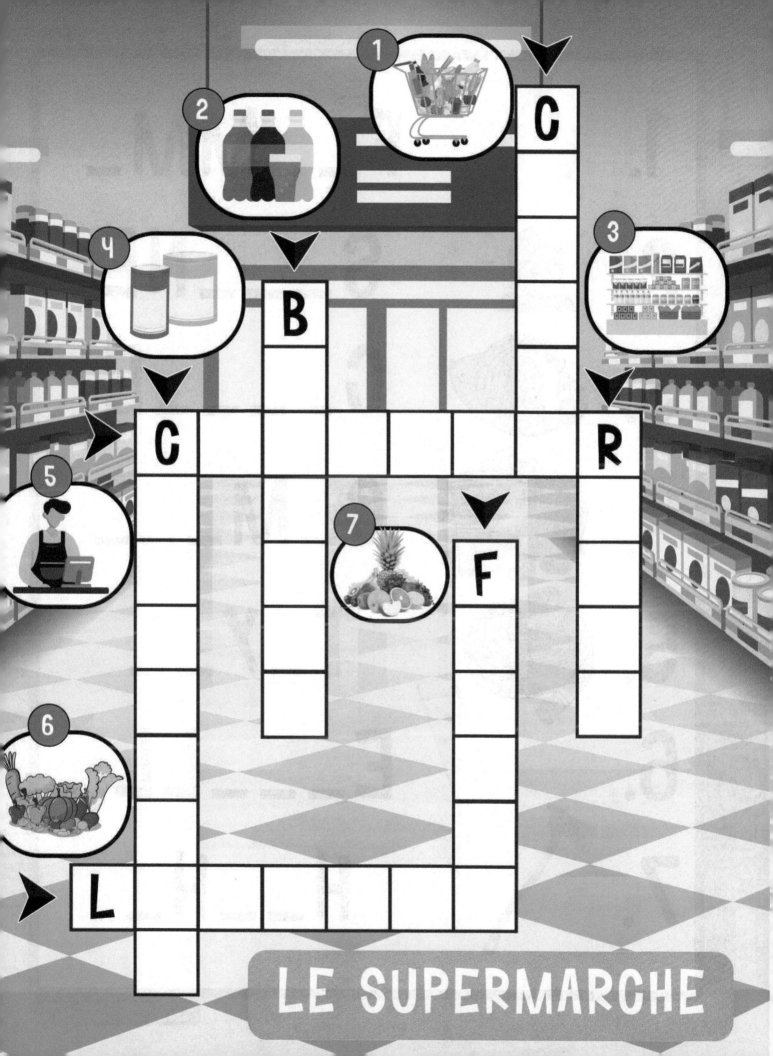

LE SUPERMARCHE

1. F _ _ M M _

2. S _ _ _ _ N E

3. C _ _ _ _ _ E

4. C _ M _ _ _ _

5. T _ Y _ _

6. E _ _ _ _ L L _

7. H _ _ _ H _

LES POMPIERS

1. P _ _ _ TE

2. F _ _ _ R

3. A _ _ O _ _ IR

4. R _ _ E _ _

5. P _ T _ GER

6. A _ B _ _

7. GR _ _ N _

LE JARDIN

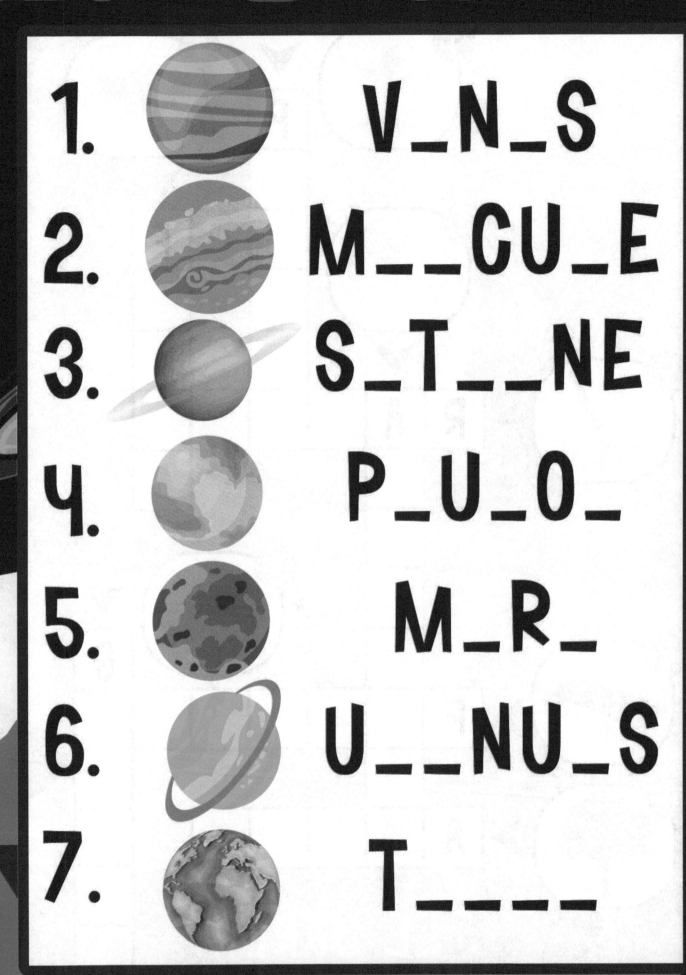

1. V_N_S

2. M__CU_E

3. S_T__NE

4. P_U_O_

5. M_R_

6. U__NU_S

7. T____

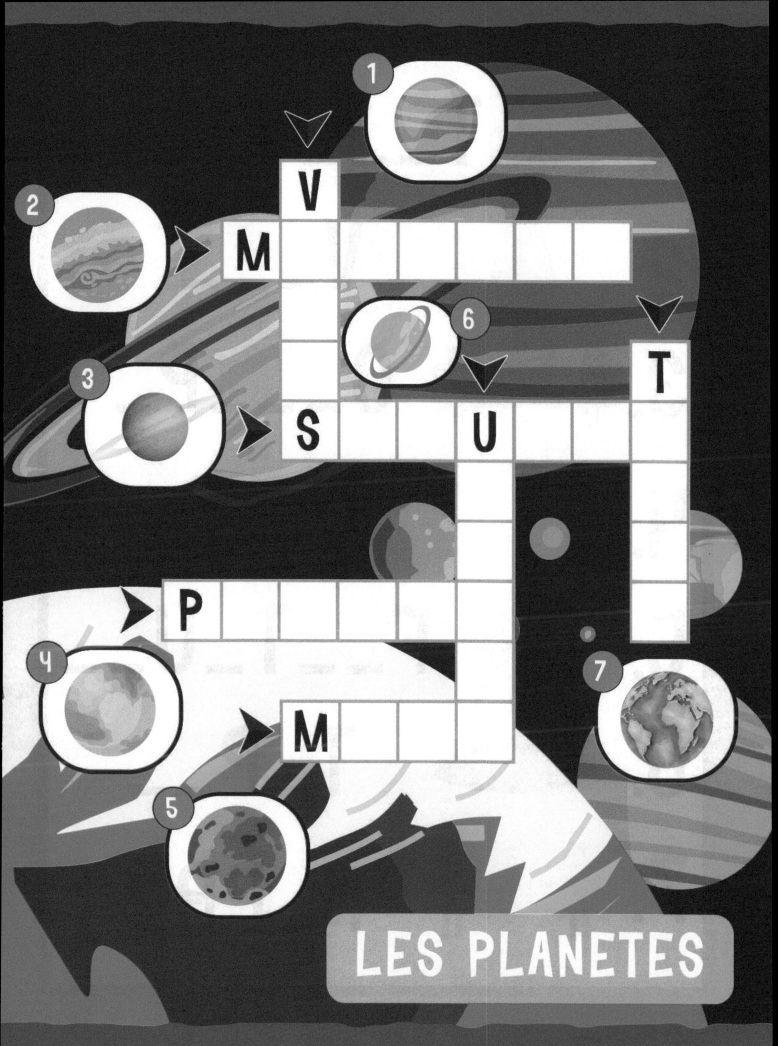

LES PLANETES

1. T_ _ _ V _ _ _ _

2. V _ _ _

3. C _ _ _ _ P _

4. L _ _ P _

5. F _ _ _ T _ U _ _

6. T _ P _ _

7. N _ P P _

LE SALON

1. M _ _ L _

2. O U _ _ _ N

3. R _ Q _ _ _

4. B _ _ _ _ _ N E

5. D _ _ P H _ _

6. P _ _ _ V R E

7. M _ D U _ _

LES ANIMAUX SOUS-MARINS

1. T _ _ C _ _ _ R

2. FE _ MI _ R

3. V _ _ _ E

4. EPOU _ _ _ _ AIL

5. GR _ _ GE

6. M _ _ T _ _

7. CH _ _ _ L

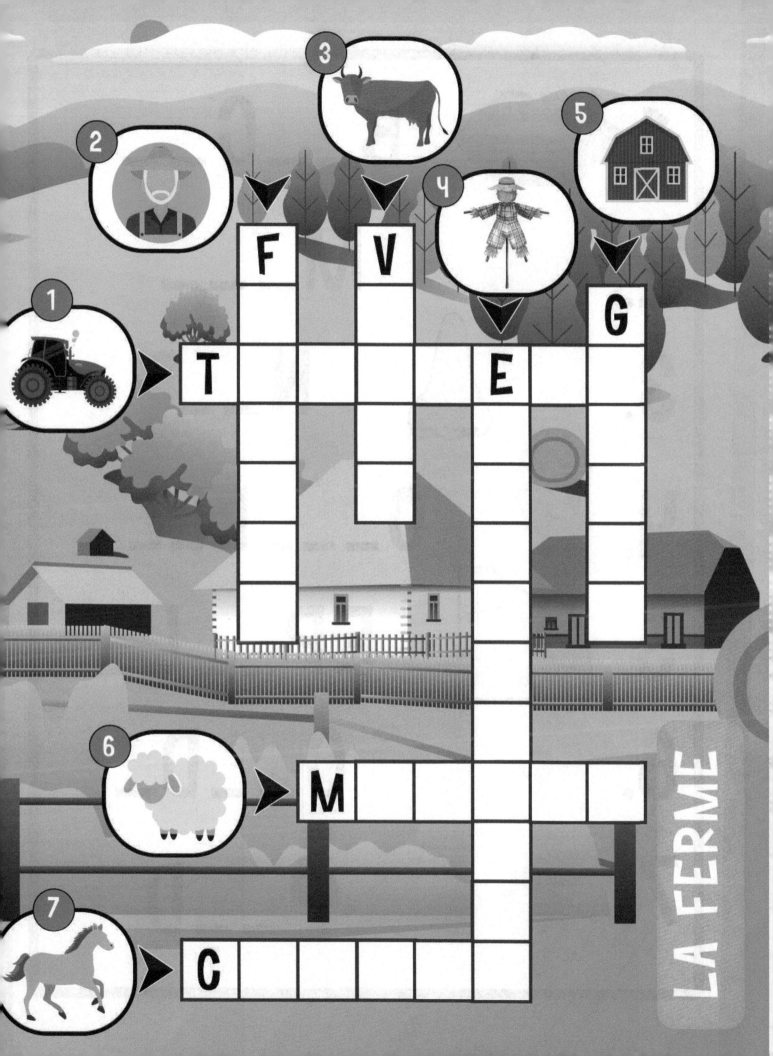

LA FERME

1. B _ _ C _ _

2. M _ _ _

3. N _ _

4. O _ _ _ LL _

5. EP _ _ L _

6. C _ _ D _

7. P _ _ D

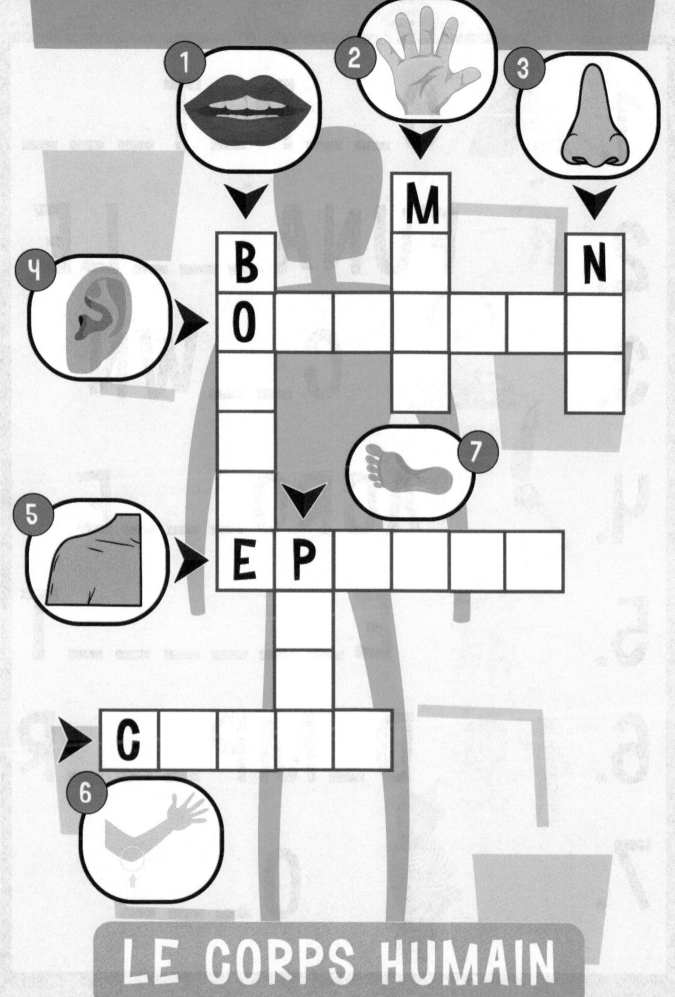

LE CORPS HUMAIN

1. C _ _ P T _ _ _

2. FUNA _ _ _ LE

3. C _ _ WN

4. ACRO _ _ _ E

5. E _ _ _ _ _ _ T

6. D _ MP _ _ _ R

7. O _ _ _

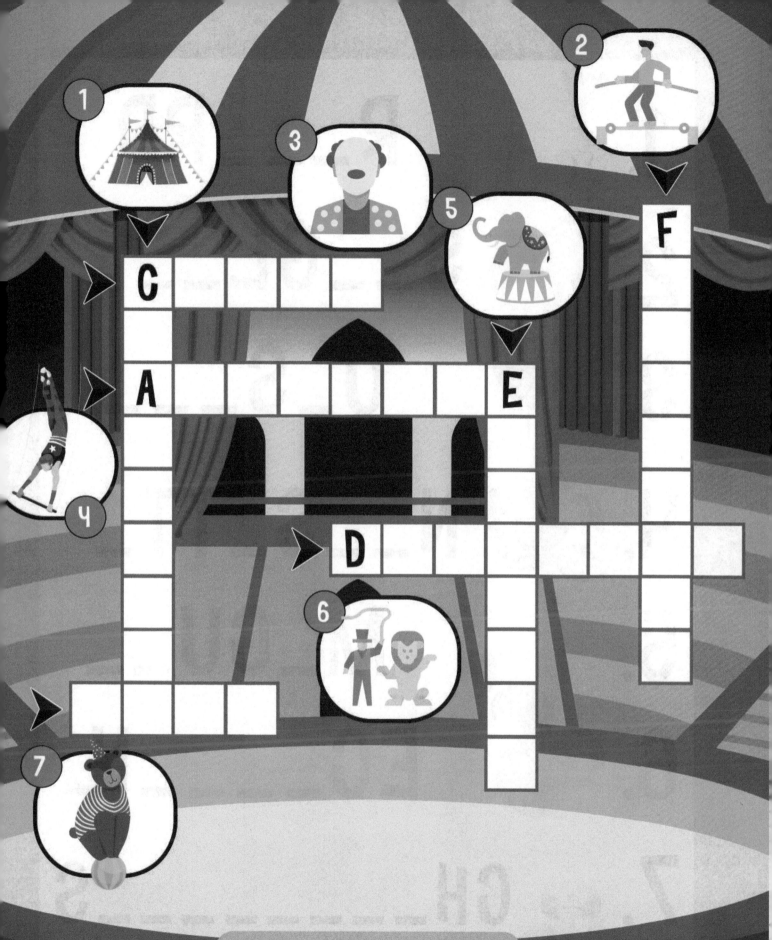

LE CIRQUE

1. R _ _ _ _ RD

2. S _ _ GL _ _ _

3. O _ S _ _ _

4. N _ _ S _ TT _

5. M _ GU _ _

6. EC _ _ _ _ _ IL

7. CH _ _ _ _ _ _ _ S

LA FORET

1. N__GE

2. E__A_PE

3. G__TS

4. T___SI_GE

5. CH___T

6. FA__ISE

7. S__

LA MONTAGNE

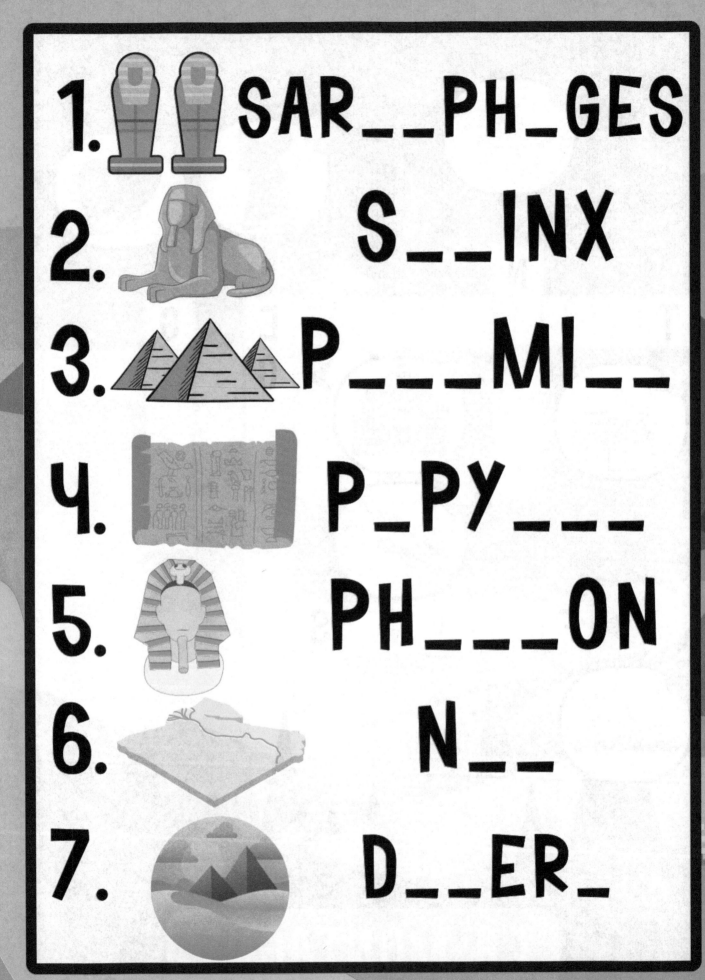

1. SAR__PH_GES

2. S___INX

3. P____MI___

4. P_PY____

5. PH____ON

6. N___

7. D___ER_

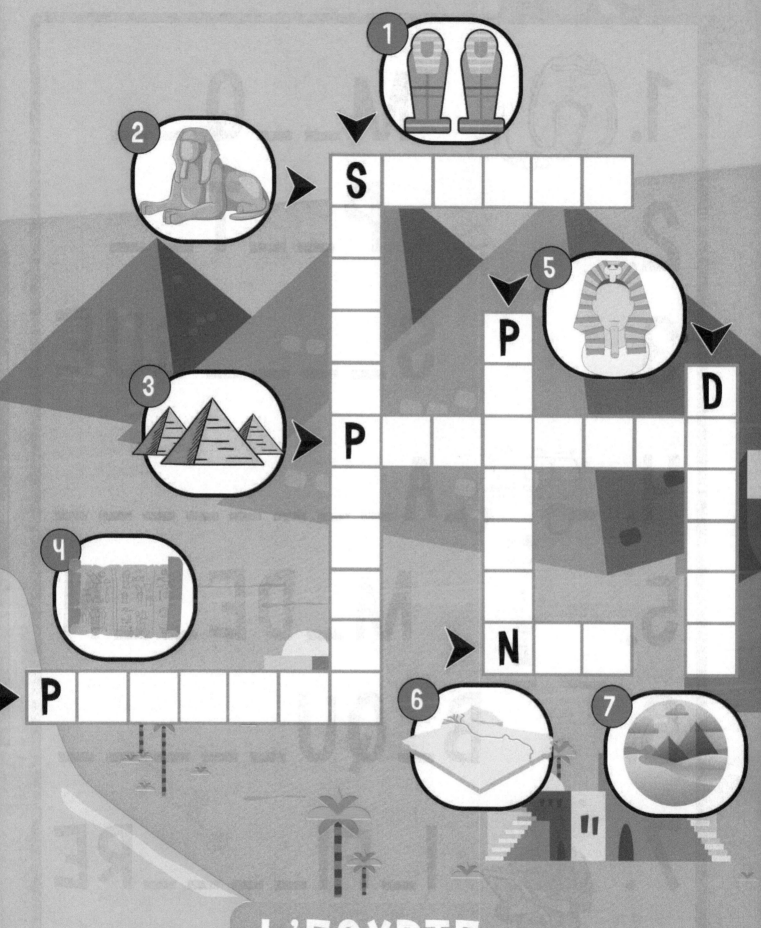

L'EGYPTE

1. M_ _ Q_ _

2. P_ _ T_ _

3. S_ _ _ _ _ GUE

4. A_ _ _ _ _ _ _ _ _

5. M_DE_ _N

6. B_QU_ _ _ _ _

7. I_FI_ _ _ _RE

L'HOPITAL

1. E_L__R

2. B_____TT_

3. C____SS___

4. B___CHE

5. B__L__GER

6. B__GN__S

7. G__E__

LA BOULANGERIE

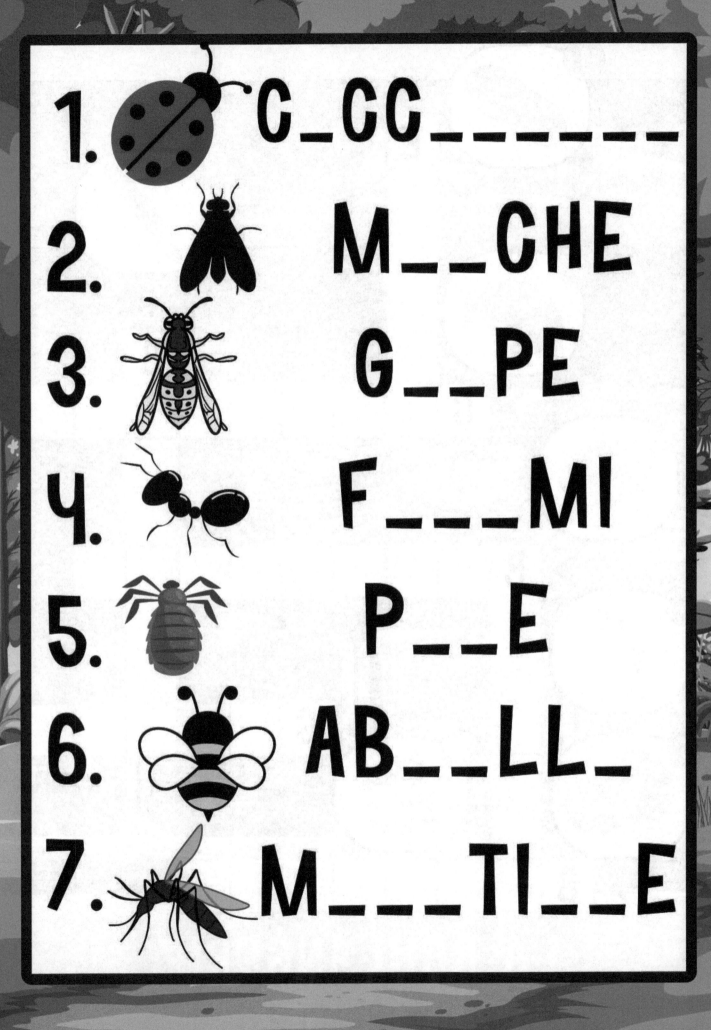

1. C_CC_____

2. M__CHE

3. G__PE

4. F___MI

5. P__E

6. AB__LL_

7. M___TI__E

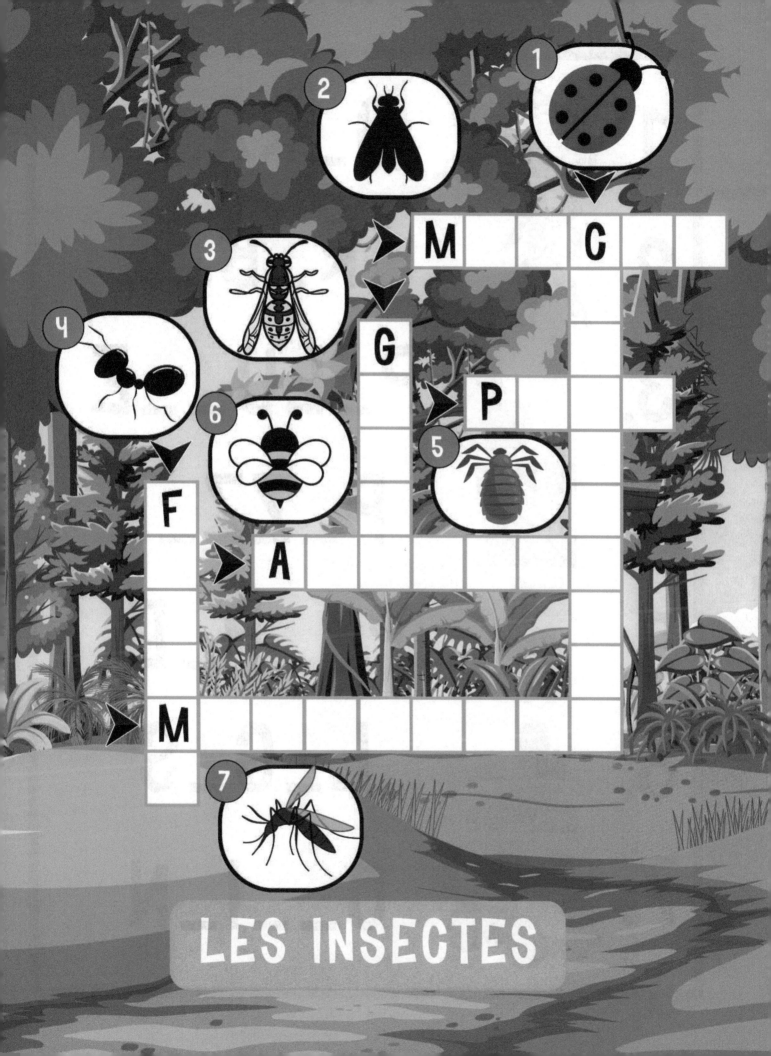

LES INSECTES

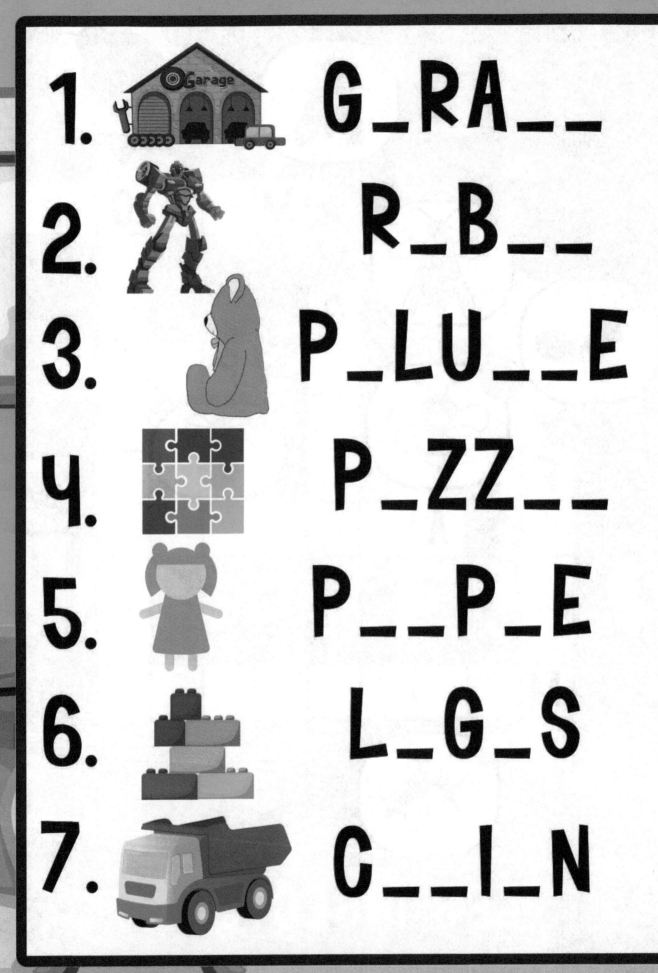

1. G _ R A _ _

2. R _ B _ _

3. P _ L U _ _ E

4. P _ Z Z _ _

5. P _ _ P _ E

6. L _ G _ S

7. C _ _ I _ N

LES JOUETS

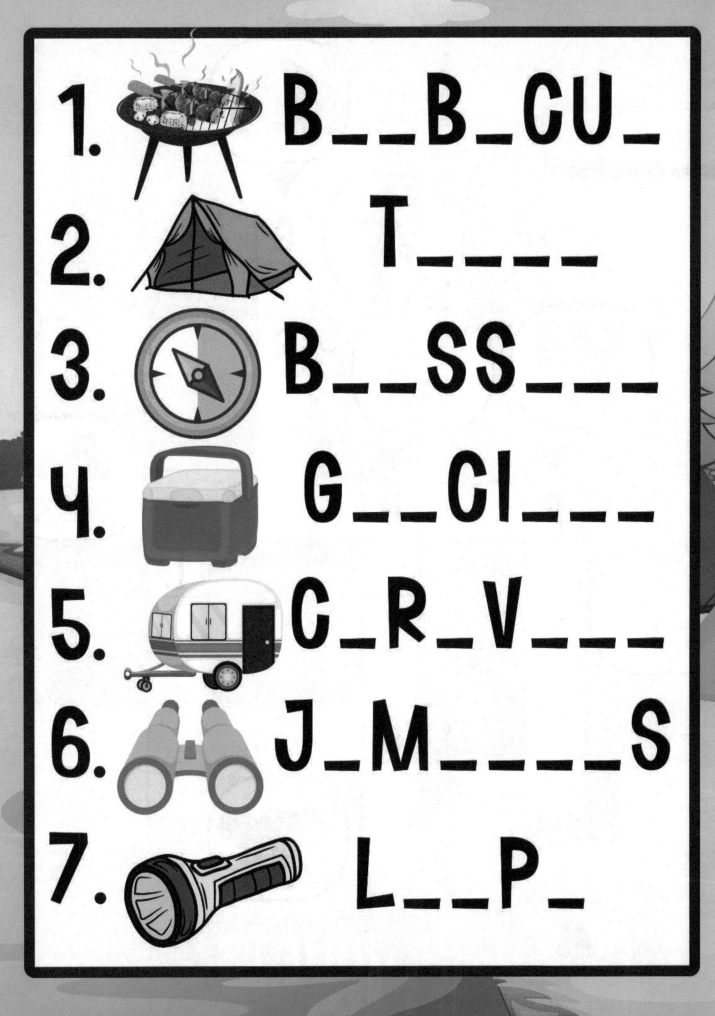

1. B _ _ B _ CU _

2. T _ _ _ _

3. B _ _ SS _ _ _

4. G _ _ CI _ _ _

5. C _ R _ V _ _ _

6. J _ M _ _ _ _ S

7. L _ _ P _

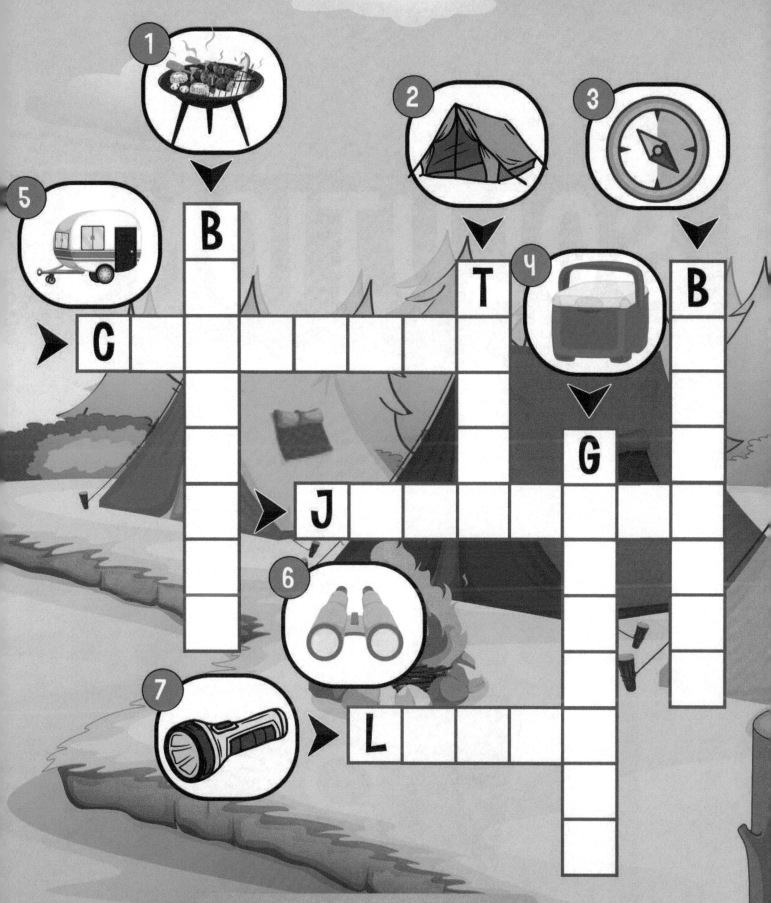

LE CAMPING

SOLUTIONS

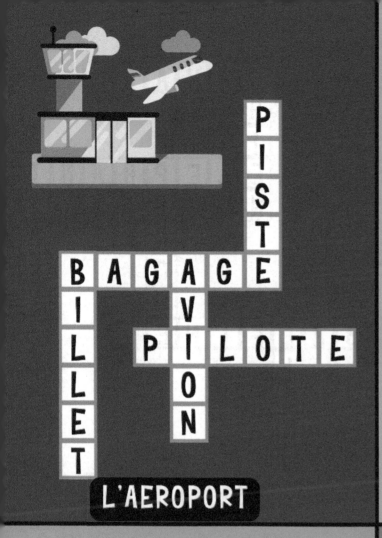

L'AEROPORT

```
          P
          I
          S
B A G A G E
I       V
L       I   P I L O T E
L       O
E       N
T
```

PISTE · BAGAGE · BILLET · AVION · PILOTE

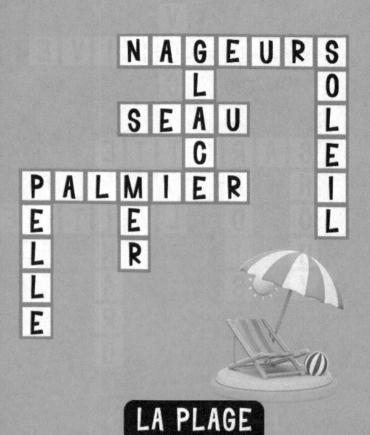

LA PLAGE

```
N A G E U R S
  L           O
  A           L
  C           E
  S E A U     I
P A L M I E R L
E     E
L     R
L
E
```

NAGEURS · LAC · SEAU · SOLEIL · PALMIER · PELLE

LE FOOT

```
    P E N A L T Y
    U
    B     C           G
B A L L O N           A
U   I     R           R
T   C     N           D
          E           I
      A R B I T R E   N
```

PENALTY · PUBLIC · BALLON · BUT · CORNER · ARBITRE · GARDIEN

LES MOYENS DE TRANSPORTS

```
    A               V
    V O I T U R E   E
M O T O     R       L
    O       A       O
    N       C
            T R A I N
            E
            F U S E E
            U
            R
```

AVION · VOITURE · VELO · MOTO · TRACTEUR · TRAIN · FUSEE

LES LEGUMES

AIL
AVOCAT
OLIVE
CAROTTE
CHOUX
RADIS
EPINARD
LAITUE

LES ANIMAUX

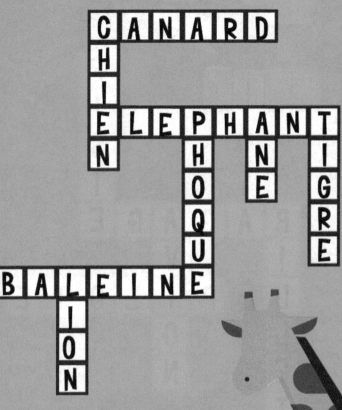

CANARD
CHIEN
ELEPHANT
PHOQUE
ANE
TIGRE
BALEINE
LION

L'ECOLE

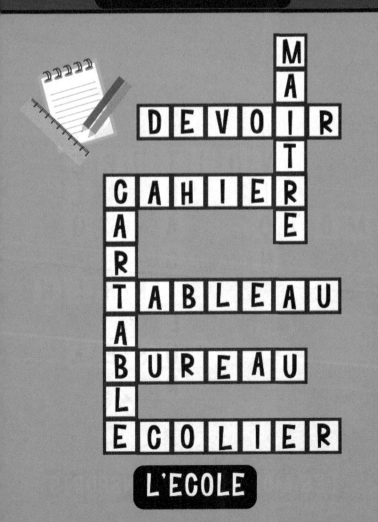

MAITRE
DEVOIR
CAHIER
CARTABLE
TABLEAU
BUREAU
ECOLIER

LA CUISINE

SOUPE
COUTEAU
CUILLERE
FOURNEAU
FROMAGE
MARMITTE
GANT

LES FRUITS

KIWI
BANANE
FRAISE
RAISIN
PASTEQUE
POMME
MANGUE

L'ANNIVERSAIRE

GATEAU
CADEAU
CONFETTIS
BALLON
REPAS
SURPRISE
FETE

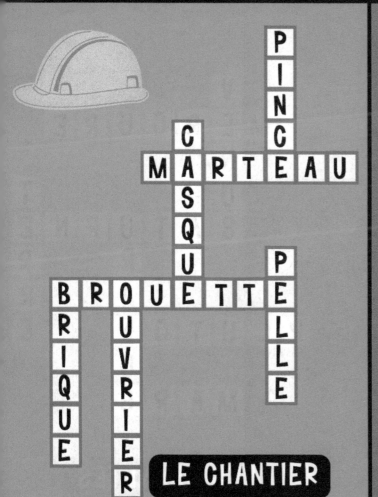

LE CHANTIER

PINCEAU
CASQUETTE
MARTEAU
BROUETTE
PELLE
BRIQUE
OUVRIER

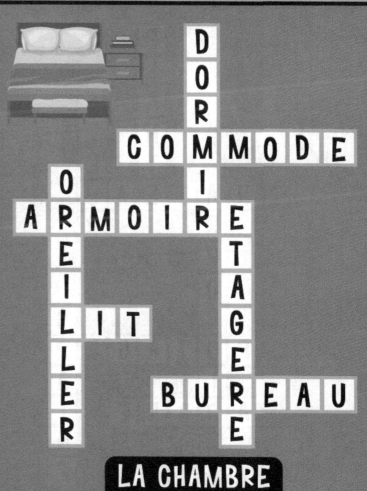

LA CHAMBRE

DORMIR
COMMODE
ARMOIRE
OREILLER
ETAGERE
LIT
BUREAU

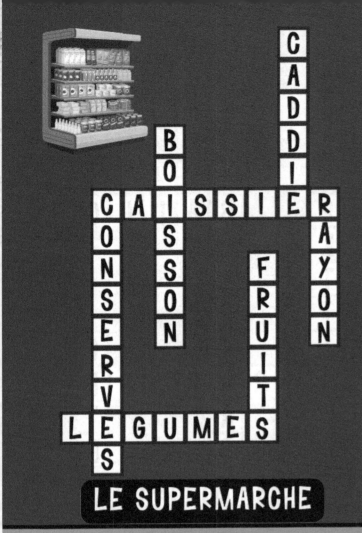

LE SUPERMARCHE

Mots croisés : CADDIE, RAYON, BOISSON, CAISSIER, CONSERVES, FRUITS, LEGUMES

LES POMPIERS

Mots croisés : FLAMME, SIRENE, CAMION, CASQUE, TUYAU, ECHELLE, HACHE

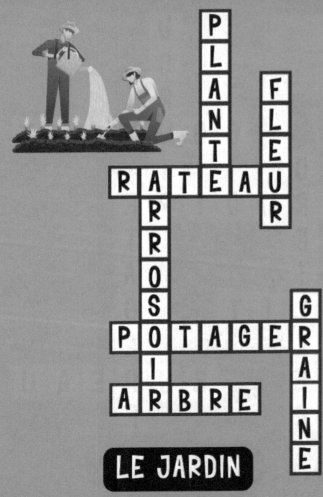

LE JARDIN

Mots croisés : PLANTE, FLEUR, RATEAU, ARROSOIR, POTAGER, GRAINE, ARBRE

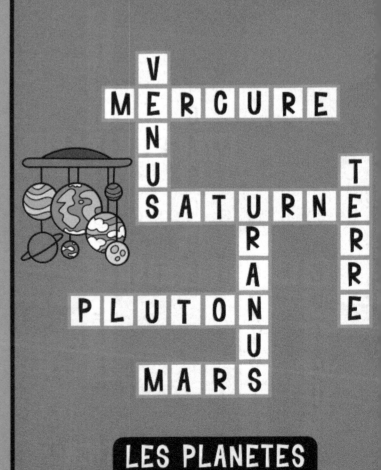

LES PLANETES

Mots croisés : VENUS, MERCURE, SATURNE, TERRE, URANUS, PLUTON, MARS

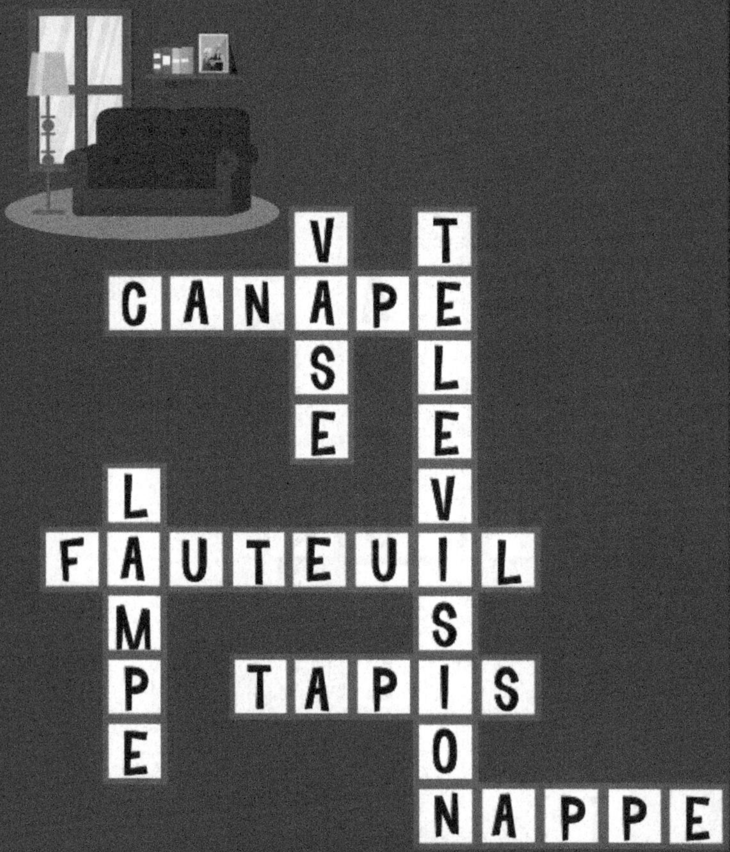
CANAPE
VASE
TELEVISION
LAMPE
FAUTEUIL
TAPIS
NAPPE

LE SALON

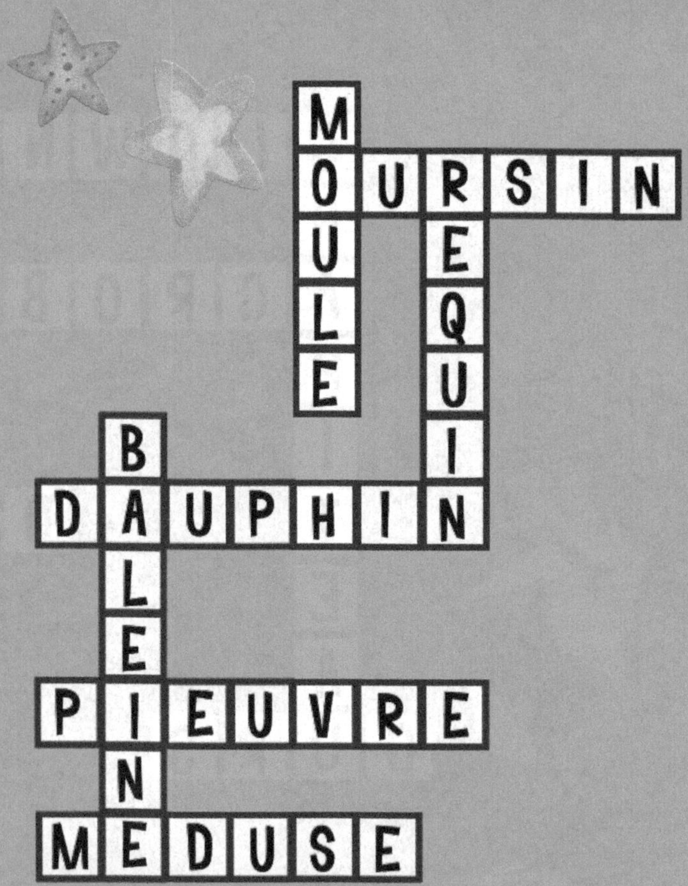
MOULE
OURSIN
REQUIN
BALEINE
DAUPHIN
PIEUVRE
MEDUSE

LES ANIMAUX SOUS-MARINS

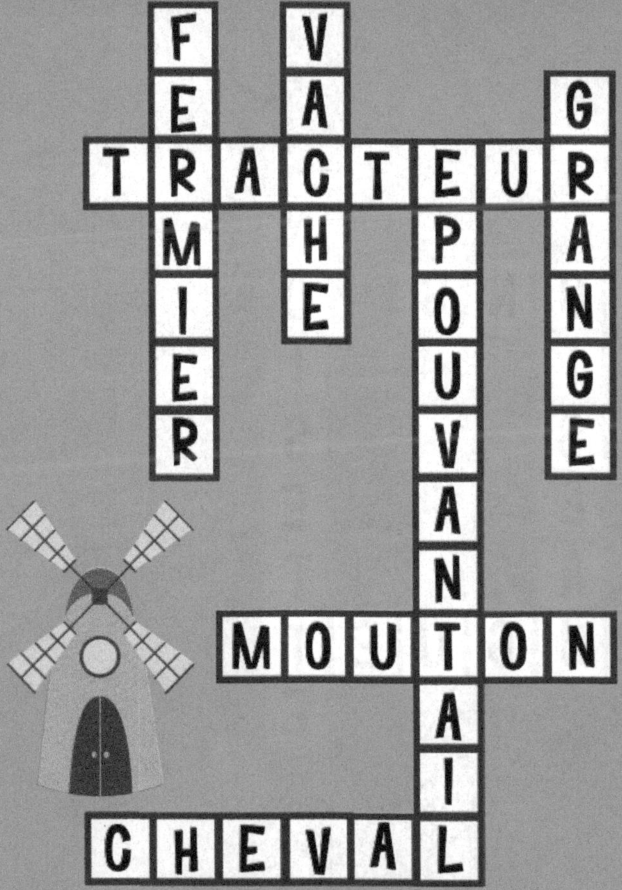
FERMIER
VACHE
GRANGE
TRACTEUR
EPOUVANTAIL
MOUTON
CHEVAL

LA FERME

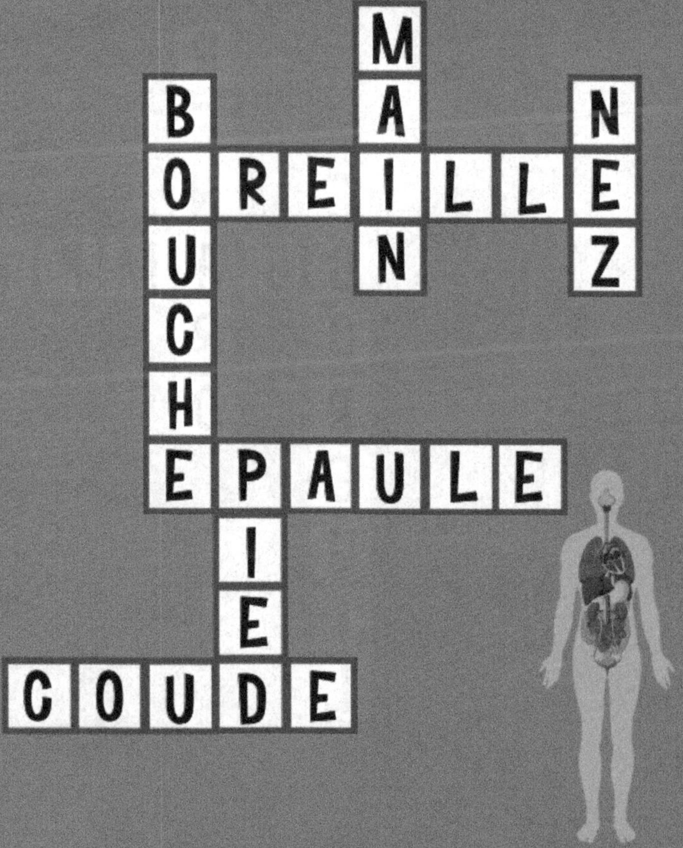
MAIN
BOUCHE
NEZ
OREILLE
EPAULE
PIED
COUDE

LE CORPS HUMAIN

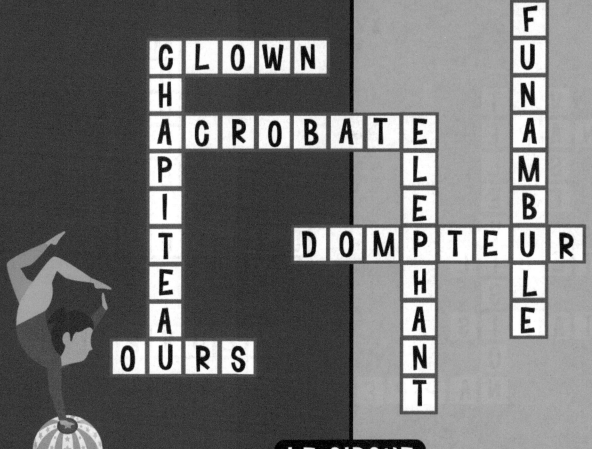

LE CIRQUE

CLOWN

CHAPITEAU

ACROBATE

ELEPHANT

DOMPTEUR

FUNAMBULE

OURS

LA FORET

RENARD

SANGLIER

ECUREUIL

CHAMPIGNONS

NOISETTE

OISEAU

MUGUET

NEIGE

TELESIEGE

CHALET

GANTS

CHARPE / **SKI**

FALAISE

LA MONTAGNE

SPHINX

SARCOPHAGE

PHARAON

PYRAMIDE

DESERT

NIL

PAPYRUS

L'EGYPTE

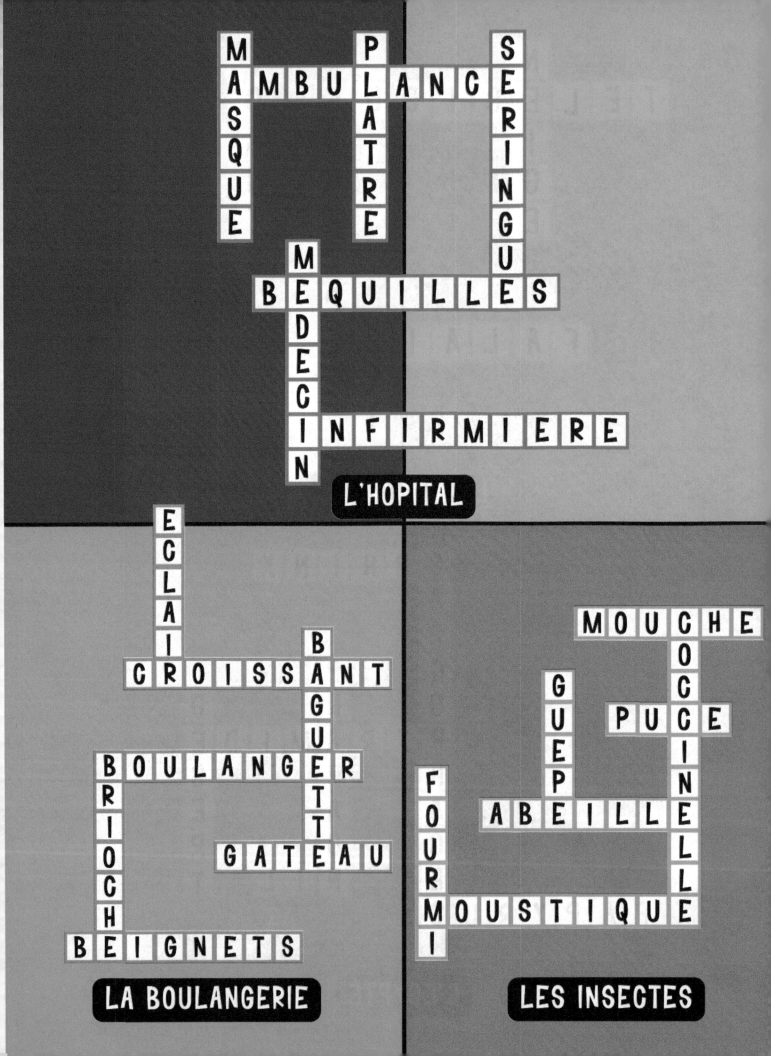

L'HOPITAL

LA BOULANGERIE

LES INSECTES

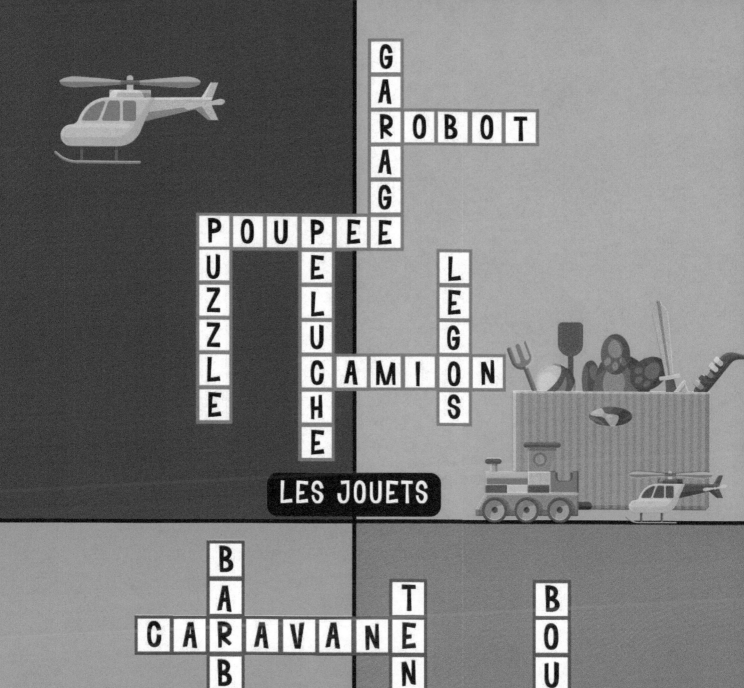

LES JOUETS

- GARAGE
- ROBOT
- POUPEE
- PUZZLE
- PELUCHE
- CAMION
- LEGOS

LE CAMPING

- BARBECUE
- CARAVANE
- TENTE
- BOUSSOLE
- JUMELLES
- GLACIERE
- LAMPE

Made in the USA
Coppell, TX
16 December 2024

42817287R00044